NGOVULA MBISI Jeancy

Por detrás da tecnologia, informática

NGOVULA MBISI Jeancy

Por detrás da tecnologia, informática

Museu virtual, informática

ScienciaScripts

Imprint
Any brand names and product names mentioned in this book are subject to trademark, brand or patent protection and are trademarks or registered trademarks of their respective holders. The use of brand names, product names, common names, trade names, product descriptions etc. even without a particular marking in this work is in no way to be construed to mean that such names may be regarded as unrestricted in respect of trademark and brand protection legislation and could thus be used by anyone.

Cover image: www.ingimage.com

This book is a translation from the original published under ISBN 978-620-2-28127-0.

Publisher:
Sciencia Scripts
is a trademark of
Dodo Books Indian Ocean Ltd. and OmniScriptum S.R.L publishing group

120 High Road, East Finchley, London, N2 9ED, United Kingdom
Str. Armeneasca 28/1, office 1, Chisinau MD-2012, Republic of Moldova, Europe
Managing Directors: Ieva Konstantinova, Victoria Ursu
info@omniscriptum.com

Printed at: see last page
ISBN: 978-620-8-50410-6

PREÂMBULO

Num mundo em constante mudança, onde a tecnologia está a moldar o nosso quotidiano a um ritmo alucinante, é essencial compreender não só as ferramentas que utilizamos, mas também a ciência por detrás destas inovações. Por detrás da tecnologia: A Ciência da Computação e o Museu Virtual explora a fascinante intersecção entre a ciência da computação e a criação de museus virtuais. O museu virtual representa um avanço significativo na forma como interagimos com a arte, a cultura e a história. Graças às tecnologias digitais, estes espaços de exposição transcendem as fronteiras geográficas e temporais, oferecendo um acesso sem precedentes a colecções preciosas e experiências imersivas. No entanto, por detrás desta fachada sedutora, existe um conjunto complexo de princípios científicos e técnicos que merecem ser examinados.

Este livro de ***NGOVULA MBISI Jeancy*** *convida os leitores a mergulharem no coração da ciência da computação, revelando os algoritmos, as estruturas de dados e os sistemas de informação que alimentam estes museus virtuais. Trata-se de uma exploração da realidade virtual, da inteligência artificial e das tecnologias de gestão de dados, bem como do seu impacto na forma como percebemos e compreendemos o património cultural. As contribuições de especialistas em ciências informáticas, museologia e design interativo enriquecem esta análise, oferecendo perspectivas variadas sobre a forma como os museus virtuais podem não só preservar o nosso património, mas também torná-lo acessível e cativante para as gerações futuras. Ao ler estas páginas, os leitores descobrirão como a informática está a transformar a experiência dos museus e como, através da tecnologia, podemos compreender melhor a nossa história colectiva. Este livro é um convite à reflexão sobre o papel da tecnologia na preservação e divulgação da cultura, ao mesmo tempo que celebra a inovação que torna estas realizações possíveis.*

Professor LUTONADJO

DEDICAÇÃO

A Deus Todo-Poderoso, Criador do Céu e da Terra, Mestre do tempo e das circunstâncias;

Para os meus queridos pais: Joseph NGOVULA BAMENGA e Marie KATUNDA MANGALA ;

Aos meus irmãos e irmãs: Glodie NGOVULA, Christelle NGOVULA, Saint-Pierre NGOVULA, Josué NGOVULA, Jephté NGOVULA pelo seu amor.

OBRIGADO

Gostaríamos de aproveitar esta oportunidade para agradecer a todos aqueles que contribuíram de alguma forma para este trabalho.

Em primeiro lugar, gostaríamos de agradecer às autoridades académicas do ISTM/Kikwit pelo seu apoio.

Gostaríamos de agradecer ao Professor ***Faustin MUSWAY DOUDOU****, que aceitou supervisionar este trabalho apesar da sua agenda preenchida.*

Gostaríamos também de agradecer aos Professores Associados ***MUZIAZIA LUPEMBA Jacques e IMBWELE KAFUTI Guy*** *por terem aceitado supervisionar-nos apesar das suas múltiplas ocupações. Os seus conselhos e orientações foram uma grande ajuda.*

Gostaríamos de agradecer ao Professor LUTONADJO por ter aceite prefaciar este manual.

Os nossos agradecimentos vão diretamente para o Dr. Albert KIKONZI, Chefe de Investigação, que nos ajudou muito na publicação deste trabalho científico. Muito obrigado, Dr. Albert.

Gostaríamos de expressar a nossa gratidão ao pessoal científico e docente do ISETAM/Kikwit, ISTM/Kikwit, ISSS-E/Kikwit, ao pessoal administrativo e aos trabalhadores.

Gostaríamos também de agradecer aos nossos amigos que nos encorajaram a prosseguir a nossa investigação científica.

Gostaríamos de expressar a nossa gratidão a todos aqueles cujos nomes não aparecem nesta página.

NGOVULA MBISI Jeancy

POR DETRÁS DA TECNOLOGIA, A COMPUTAÇÃO CIENTÍFICA

Jeancy NGOVULA MBISI

Assistente 1 no Instituto Superior de Técnicas Médicas de Kikwit

RESUMO Entre o público em geral, e mesmo em círculos relativamente bem informados, a informática é ainda raramente vista como uma ciência, para além dos seus aspectos técnicos. Dada a importância crescente da computação e da tecnologia digital na economia e na sociedade em geral, esta é uma situação lamentável. Esta situação conduz a uma má perceção da natureza e do impacto da investigação em informática e a uma falta de interesse dos jovens em estudar esta disciplina, apesar de esta criar emprego.

Como é que esta tendência pode ser invertida? Acreditamos que uma apresentação da ciência da computação no contexto de um museu virtual pode dar um contributo de duas formas: (1) mostrando que as aplicações bem conhecidas de todos se baseiam em conceitos fundamentais que constituem a base de uma abordagem rigorosa à conceção e à garantia de qualidade; (2) mostrando como estes conceitos evoluíram ao longo da história. Uma apresentação virtual, com a flexibilidade e a interatividade que permite, parece bem adaptada a estes objectivos.

PALAVRAS-CHAVE: museu virtual, informática

I. INTRODUÇÃO

A imagem atual das TI é demasiadas vezes reduzida à de uma técnica. Há várias razões para isso. A "digitalização do mundo", que se manifesta em quase todos os domínios da vida quotidiana, contribui paradoxalmente para esta situação, dando a imagem de um conjunto de progressos certamente espectaculares, mas que são reduzidos ao seu aspeto tecnológico imediatamente percetível e realçados pelos meios de comunicação social. A ausência, até à data, da informática entre as disciplinas ensinadas no ensino secundário só vem reforçar esta visão. Por fim, é de notar que esta relutância em admitir a existência de uma informática não se limita ao grande público: foi preciso esperar até 2003 para que a informática entrasse finalmente na Académie des Sciences sob a forma de uma secção "Mecânica e Informática", 2009 para que fosse criada uma cadeira "Informática e Ciências Digitais" no Collège de France e 2012 para que a informática entrasse no ensino secundário como disciplina de pleno direito. Esta situação é prejudicial e há várias razões para tentar alterá-la.

- O papel crescente da tecnologia digital na economia e na sociedade implica uma ampla informação do público sobre todos os aspectos deste domínio;

- A inovação no domínio das novas tecnologias, motor do crescimento, assenta no domínio das ciências informáticas e digitais e, por conseguinte, na qualidade da investigação nestas disciplinas; temos de contribuir para a sensibilização para a natureza e a importância desta investigação;

- A crise das vocações científicas entre os jovens (e sobretudo entre as jovens) afecta particularmente a informática, um domínio em que há muitos empregos qualificados à espera de serem preenchidos. Uma melhor compreensão do que é a informática, do tipo de actividades que nela se podem desenvolver e da sua relação com as outras ciências poderia mudar esta atitude.

Neste artigo, propomos uma abordagem, entre outras, para ajudar a sensibilizar o público para a computação como ciência. Este esforço insere-se num movimento mais global para melhorar a cultura científica do público, que é atualmente objeto de numerosas iniciativas.

Propomos introduzir os aspectos científicos da informática no âmbito de um museu virtual (Aconit, 2000) dedicado a todos os aspectos desta disciplina. Longe de uma apresentação ex cathedra, pensamos que o ponto de partida deve ser os objectos e aplicações familiares ao público, numa tentativa de explicar os conceitos científicos que lhes estão subjacentes. Acreditamos também que a organização de um museu virtual, com a multiplicidade de pontos de vista e a interatividade que permite, se adequa bem a uma apresentação atractiva. No resto deste artigo, começamos por apresentar os princípios de uma abordagem museológica à ciência da computação. De seguida, usamos exemplos para mostrar como estes princípios podem ser aplicados a diferentes níveis de compreensão. Por fim, apresentamos uma abordagem histórica ao desenvolvimento de conceitos e técnicas de informática.

II. INTRODUÇÃO À CIÊNCIA DA COMPUTAÇÃO: PRINCÍPIOS DE UMA ABORDAGEM MUSEOLÓGICA

Como pode um museu da computação contribuir para uma melhor compreensão da computação enquanto ciência? Para responder a esta pergunta, precisamos primeiro de ver o que é a ciência da computação. O objetivo da informática é processar informação. A vertente técnica da computação está relacionada com a realização deste processamento através de procedimentos automatizados. A ciência em que se baseia este processamento compreende quatro conceitos fundamentais (Dowek, 2011): informação, algoritmo, máquina e linguagem. Estes conceitos devem ser tomados num sentido lato: uma "máquina" não é necessariamente um computador, mas pode ser qualquer dispositivo capaz de realizar acções de acordo com um modus operandi definido: exemplos são um robô, uma rede, mesmo uma máquina virtual (uma máquina real escondida sob uma camada de software), ou muito simplesmente um ábaco.

Uma ciência não se define apenas pelo seu objeto e pelos seus conceitos; é também identificada pela sua abordagem e pelos métodos que utiliza. Deste ponto de vista, a informática ocupa um lugar original entre as ciências (Dowek, 2012). A abordagem das ciências da computação (Wing, 2008) caracteriza-se, entre outros aspectos, pelo papel central da abstração e da decomposição, pela separação das preocupações, pela modelização e análise, e pela complementaridade e interação entre a teoria e a experiência. O termo "ciências digitais" é utilizado para descrever a transformação de muitas disciplinas através da adoção da abordagem informática e das ferramentas conceptuais e técnicas que lhe estão associadas: a física, a química, a biologia, a economia e a linguística, para citar apenas algumas, estão a assumir uma nova face. De um modo mais geral, a sociedade no seu conjunto está a tornar-se "digital" devido à utilização generalizada de objectos e aplicações informáticas nas actividades quotidianas.

Como é que a informática pode ser introduzida através de uma abordagem museológica? É pouco provável que uma apresentação abstrata ex abrupto atraia a atenção. Pelo contrário, é necessário partir de conceitos familiares aos visitantes: os objectos informáticos, que são agora omnipresentes, e as aplicações, que são amplamente conhecidas. Quem nunca utilizou um telemóvel, consultou informações na Internet ou utilizou um computador para fazer compras em linha? E mesmo o utilizador de um automóvel ou de uma simples máquina de lavar roupa executa programas informáticos sem o seu conhecimento. Por isso, optámos por uma abordagem indutiva. Partindo de uma aplicação ou de um objeto do quotidiano, levamos os visitantes aos bastidores para identificar os principais conceitos de base. Em seguida, demonstramos a universalidade desses conceitos e o facto de estarem subjacentes a uma variedade de objectos e situações. E convidamos os visitantes que desejem ir um pouco mais longe, ajudando-os a descobrir, novamente com base em conceitos familiares, como é garantido o bom funcionamento (eficiência, disponibilidade, segurança) de um objeto ou aplicação de TI.

Nas secções seguintes, apresentamos alguns exemplos de aplicação desta abordagem. Consideramos que a utilização do virtual (um conceito amplamente desenvolvido nas TI) oferece muitas vantagens (Aconit, 2000) para o desenvolvimento de apresentações: flexibilidade de implementação, diversidade de pontos de vista e de percursos, e capacidade de adaptação às expectativas e necessidades dos utilizadores.

Um museu de informática pode desempenhar um papel fundamental na compreensão da computação como ciência. Eis algumas formas em que pode contribuir para essa compreensão:

1. Exposições interactivas

- **Envolvimento prático**: As exposições interactivas permitem aos visitantes experimentar conceitos de TI de uma forma divertida. Por exemplo, existem estações onde os visitantes podem programar mini-programas ou manipular robots.

• **Aprendizagem ativa**: Isto encoraja a aprendizagem ativa, onde os visitantes podem ver os resultados imediatos das suas acções, reforçando a compreensão.

2. **Histórias e contextos**

• **Narrar a história da informática**: Apresentar a evolução da informática através de objectos históricos, desde máquinas antigas a tecnologias modernas, ajuda os visitantes a compreender os avanços e os desafios encontrados ao longo do tempo.
• **Figuras-chave**: Destacar os pioneiros da computação e os seus contributos ajuda a personalizar a história da ciência e a inspirar os visitantes.

3. **Educação e sensibilização**

• **Workshops e conferências**: A organização de workshops, conferências e eventos educativos sobre uma variedade de temas (programação, cibersegurança, inteligência artificial) ajuda a aprofundar os conhecimentos dos visitantes.
• **Colaboração com as escolas**: Podem ser implementados programas escolares para introduzir os jovens nos computadores desde uma idade precoce.

4. **Explorar as aplicações práticas**

• **Exemplos concretos**: A apresentação de aplicações concretas das TI em vários domínios (medicina, arte, ciências sociais) ajuda a ilustrar o seu impacto na vida quotidiana.
• **Projectos de colaboração**: Incentivar projectos de colaboração em que os visitantes possam criar soluções para problemas reais utilizando a tecnologia.

5. **Tecnologias emergentes**

• **Demonstrações de tecnologias avançadas**: O destaque dado às tecnologias emergentes, como a inteligência artificial, a realidade aumentada e a cadeia de blocos, mostra como as TI estão a evoluir e a moldar o nosso mundo.

• **Exploração ética**: O debate sobre as questões éticas associadas a estas tecnologias (como a privacidade e a segurança) ajuda a desenvolver as capacidades de pensamento crítico dos visitantes.

6. Acessibilidade da informação

• **Recursos digitais**: A oferta de recursos em linha e de visitas virtuais permite aos visitantes explorar o museu e aceder a informações adicionais ao seu próprio ritmo.

• **Multimédia**: Utilizar vídeos, podcasts e artigos para enriquecer a experiência de aprendizagem e chegar a um público mais vasto.

Ao introduzir a ciência da computação numa abordagem museológica, é essencial estruturar os conceitos de uma forma acessível e cativante. Aqui estão alguns princípios-chave para integrar estes conceitos num museu virtual:

1. Interatividade e envolvimento

• **Princípio**: Incentivar os visitantes a interagir com o conteúdo.

• **Aplicação**: Utilização de elementos interactivos como questionários, jogos educativos ou simulações que permitem aos utilizadores explorar conceitos informáticos enquanto descobrem exposições.

2. Narrativa visual

• **Conceito**: Utilizar recursos visuais para contar histórias sobre os objectos expostos.

• **Aplicação**: Criar animações ou computação gráfica que expliquem conceitos informáticos em relação a objectos ou artefactos artísticos. Por exemplo, ilustrar como é criada uma obra de arte digital utilizando linguagens de programação.

3. Contextualização

• **Princípio**: Ligar a informática a outras disciplinas.
• **Aplicação**: Apresentar obras de arte que incorporem tecnologia, como instalações interactivas, e explicar como utilizam conceitos informáticos (algoritmos, redes, etc.).

4. Acessibilidade e inclusão

• **Princípio**: Tornar o museu acessível a todos os visitantes.
• **Aplicação**: Integrar funcionalidades de acessibilidade, como legendas para vídeos e descrições áudio, para que todos possam compreender os conceitos informáticos apresentados.

5. Educação e sensibilização

• **Princípio**: Educar o público sobre a importância da informática.
• **Aplicação**: Organizar workshops ou webinars em linha sobre temas informáticos, como a cibersegurança ou o desenvolvimento Web, relacionados com as obras em exposição.

6. Utilização dos dados

• **Princípio**: Mostrar como os dados podem ser utilizados para enriquecer a experiência do museu.

• **Aplicação**: Para ilustrar a análise dos dados de frequência de um museu para adaptar as exposições em tempo real ou para personalizar a experiência do utilizador.

7. Tecnologias emergentes

• **Princípio**: Integrar as tecnologias modernas na experiência do museu.
• **Aplicação**: Utilização da realidade aumentada (RA) ou da realidade virtual (RV) para permitir aos visitantes explorar ambientes interactivos ou obras de arte a partir de diferentes ângulos.

III. INTRODUÇÃO À INFORMÁTICA: IMPLEMENTAÇÃO

Para ilustrar a abordagem que pretendemos aplicar, mostraremos como identificar algumas noções básicas de informática a partir da apresentação, no contexto do museu virtual, de uma aplicação comum. Este exemplo ilustrativo, embora simplificado, tem necessariamente um carácter técnico que pode dificultar o acesso a um leitor não especializado. É por isso que, como preâmbulo à sua descrição, damos uma explicação resumida em termos mais acessíveis. A aplicação escolhida é um sítio de vendas em linha; as razões desta escolha são explicadas mais adiante. A primeira fase da nossa abordagem pode ser resumida da seguinte forma:

-Descrevemos uma versão simplificada da aplicação e a configuração do hardware em que é implementada, sob a forma de um conjunto de componentes cujas funções e interações explicamos;

- Mostramos como dar uma ideia mais simples desta estrutura ainda relativamente complexa, através de uma visão abstrata do processamento de pedidos de um único cliente; isto permite-nos introduzir a abstração (e o seu complemento, o refinamento) como uma ferramenta intelectual para dominar a complexidade dos sistemas construídos.

A partir de uma análise da organização e do funcionamento da aplicação, identificámos um certo número de conceitos de base que podemos utilizar para descrever essa organização e esse funcionamento: a informação (a "matéria-prima"), a aplicação propriamente dita e a própria aplicação. Estes conceitos incluem o "suporte do conhecimento", os algoritmos (um esquema de tratamento da informação), as bases de dados (uma forma de organizar a informação e uma ferramenta de acesso à mesma), a comunicação e a interação. Lembre-se que estamos a descrever aqui a abordagem explicativa que pretendemos seguir no museu virtual. Nesta fase, introduzimos os conceitos de "museu virtual" e de "base de dados". Em seguida, mostramos que estes conceitos são de natureza genérica, aplicando-os à descrição de vários objectos e aplicações informáticas. Em seguida, mostramos que estes conceitos são de natureza genérica, aplicando-os à descrição de vários objectos e aplicações informáticas. A segunda parte (secção 4) permite-nos ir mais longe, mostrando, ainda no contexto do museu virtual, como dotar uma aplicação das propriedades que a tornam efetivamente utilizável: validade (faz o que é suposto fazer); desempenho (fá-lo de forma eficiente); fiabilidade (pode ser confiável em todas as circunstâncias); ergonomia (está bem adaptada às necessidades dos utilizadores). Mostramos que garantir estas propriedades é uma tarefa difícil que requer métodos e ferramentas baseados em avanços científicos. Isto está muito longe da imagem de empirismo e de "bricolage" que ainda está frequentemente associada à perceção do desenvolvimento de produtos informáticos, em particular entre os jovens.

Vamos agora dar uma vista de olhos mais técnica à nossa abordagem. Recordemos que a aplicação escolhida é a de um sítio de vendas em linha. Há várias razões para esta escolha.

- este tipo de aplicação é amplamente utilizado, e a sua interface com é relativamente simples e intuitivo;

- A arquitetura dos sítios de comércio eletrónico foi estudada e aperfeiçoada durante muitos anos e a sua apresentação é bem conhecida.

- a aplicação é suficientemente simples para podermos explicar as linhas gerais da sua criação de forma compreensível e suficientemente complexa para ilustrar os principais conceitos que queremos introduzir.

Seguem-se alguns passos e conceitos-chave a considerar para identificar algumas noções básicas de informática com base na apresentação de uma aplicação comum no contexto de um museu virtual:

1. Interface do utilizador (IU) e experiência do utilizador (UX)

• **Noção**: A interface do utilizador refere-se à forma como um utilizador interage com a aplicação (botões, menus, etc.), enquanto a experiência do utilizador se centra na satisfação geral do utilizador ao utilizar a aplicação.

• **Exemplo**: Analisar a forma como uma aplicação de museu virtual apresenta e torna a navegação intuitiva.

2. **Arquitetura de software**

• **Noção**: A estrutura subjacente de uma aplicação, incluindo os componentes de software e a sua interação.

• **Exemplo**: Discutir a utilização de bases de dados para armazenar informações sobre trabalhos e servidores para gerir pedidos de utilizadores.

3. **Linguagens de programação**

• **Noção**: As ferramentas que os programadores utilizam para criar software.

• **Exemplo**: Identificar as linguagens utilizadas (como HTML, CSS, JavaScript para o front-end e Python, Ruby para o back-end) e o seu papel no desenvolvimento da aplicação.

4. **Gestão de dados**

• **Noção**: A forma como os dados são recolhidos, armazenados e recuperados.

• **Exemplo**: Explicar como as obras são catalogadas e como são utilizadas. os utilizadores podem procurar informações específicas.

5. **Segurança informática**

• **Noção**: Medidas tomadas para proteger os dados e a privacidade dos utilizadores.

• **Exemplo**: Ilustrar técnicas de segurança das ligações e de proteção das informações pessoais dos utilizadores.

6. **Acessibilidade**

• **Noção**: A capacidade do software para ser utilizado por pessoas com diferentes capacidades.

• **Exemplo**: Mostre como a aplicação garante que é acessível a pessoas com deficiência (legendas, navegação por teclado, etc.).

7. **Redes e conetividade**

• **Noção**: Os protocolos e as infra-estruturas que permitem aos utilizadores aceder à aplicação em linha.

• **Exemplo**: Discutir a importância de uma ligação estável à Internet para o funcionamento de um museu virtual.

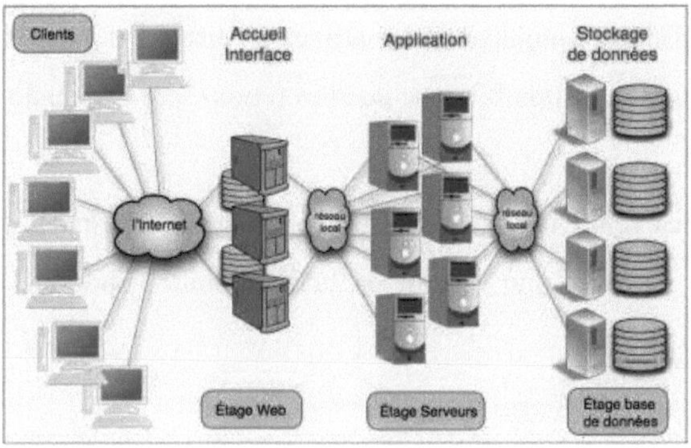

Figura 1: Um sítio de comércio eletrónico

Não é nossa intenção descrever um sítio específico, mas um modelo genérico simplificado representativo do comércio eletrónico. A figura 1 mostra tanto o suporte de hardware como a organização geral da aplicação.

Da esquerda para a direita, a figura mostra :

-os terminais que permitem o acesso ao servidor através da Internet; - os terminais que permitem o acesso ao servidor através da Internet; - os terminais que permitem o acesso ao servidor através da Internet.

os três andares do sítio :

- A fase web, que cria a interface apresentada aos utilizadores e armazena páginas web que mudam com pouca frequência (normalmente, catálogos de produtos para venda);

- O andar do servidor, que implementa a aplicação propriamente dita, ou seja, as várias funções disponíveis para os utilizadores (pesquisa de produtos e preços, encomendas, etc.), bem como a gestão interna do site (níveis de stock, actualizações de preços e produtos, etc.) ;

- A fase da base de dados, que armazena todas as informações utilizadas pela aplicação (níveis de stocks, preços, ficheiros de clientes, etc.).

Como se pode ver, cada camada é composta por um grande número de componentes físicos (computadores, matrizes de discos), o que garante tanto o desempenho como a disponibilidade do sítio (como será explicado mais adiante).

Esta visão física relativamente complexa pode ser contrastada com uma visão abstrata mais simples, que mostra o fluxo de um pedido de um utilizador (Figuras 2 e 3).

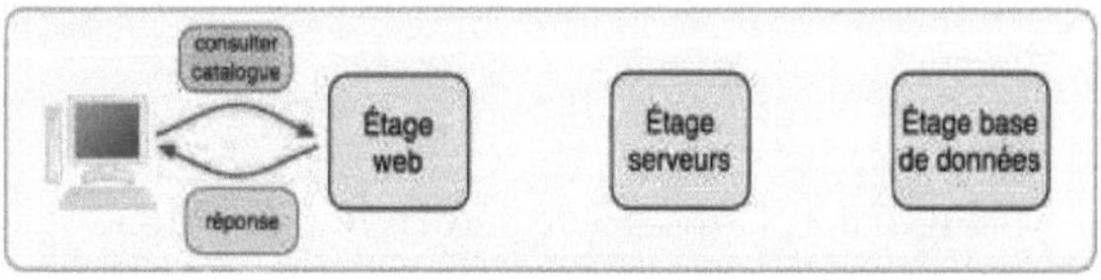

Figura 2: Percurso do pedido de consulta

A figura 2 mostra o fluxo de um pedido simples (consulta de catálogo) que envolve apenas a fase web. O esquema é o de uma simples troca de mensagens de pergunta e resposta. O processamento reduz-se à pesquisa de páginas do catálogo em ficheiros locais. A figura 3 mostra o tratamento de um pedido de compra para um determinado utilizador[1] . Desta vez, a mensagem de pedido passa entre os diferentes níveis, cada um dos quais é o local de um tratamento específico: gestão da interface no nível web, tratamento da encomenda no nível da aplicação, incluindo a interação com o nível do armazenamento para consulta e atualização dos dados (elaboração da fatura, gestão das existências). Há também uma interação com o mundo físico para lançar as operações de entrega dos produtos encomendados (cuja disponibilidade foi previamente verificada), para o pagamento da compra e para eventuais reabastecimentos. No contexto do museu, estas operações são apresentadas sob a forma de animações, com as explicações necessárias. Para integrar a interação com o mundo físico num museu virtual, é aconselhável apresentar as operações de entrega, pagamento e reposição de stock sob a forma de animações. Eis como estruturar estes elementos, com explicações:

1. Lançamento das operações de entrega

• **Animação**: Mostrar um processo em que um utilizador completa uma encomenda na aplicação. A animação pode ilustrar uma interface em que o utilizador seleciona um produto, confirma a disponibilidade e, em seguida, desencadeia a operação de entrega.

• **Explicação**:

o **Verificação da disponibilidade**: Explicar como o sistema consulta a base de dados para garantir que o produto está em stock.

o **Logística de entregas**: Apresentar como as informações são enviadas para um serviço de entregas e mostrar um mapa animado de um motorista de entregas a recolher o produto.

2. **Processo de pagamento**

• **Animação**: Ilustrar as etapas de pagamento com imagens de um utilizador a preencher as informações de pagamento numa interface segura.

• **Explicação**:

o **Segurança das transacções**: Descrever os protocolos de segurança (como a encriptação) utilizados para proteger os dados do cartão de crédito.

o **Confirmação de pagamento**: Mostra como o sistema envia uma confirmação para o cliente e para o depósito.

3. **Reabastecimento de produtos**

- **Animação**: Animar o processo em que um produto é assinalado como necessitando de reabastecimento, com o envio de alertas aos gestores.
- **Explicação**:
  - **Gestão de stocks**: Explicar como o sistema monitoriza os níveis de stock e envia notificações automáticas para reabastecimento.
  - **Interação com o fornecedor**: Ilustrar a forma como as encomendas são efectuadas aos fornecedores, mostrando uma interface onde um funcionário valida a encomenda.

4. Integração dos elementos

- **Interatividade**: Oferecer aos utilizadores a opção de clicar em diferentes elementos da animação para saber mais sobre cada fase (por exemplo, clicar na pessoa que faz a entrega para obter pormenores sobre a logística).
- **Feedback visual**: Utilizar gráficos e indicadores para mostrar o progresso de cada operação (por exemplo, uma barra de progresso durante o pagamento).

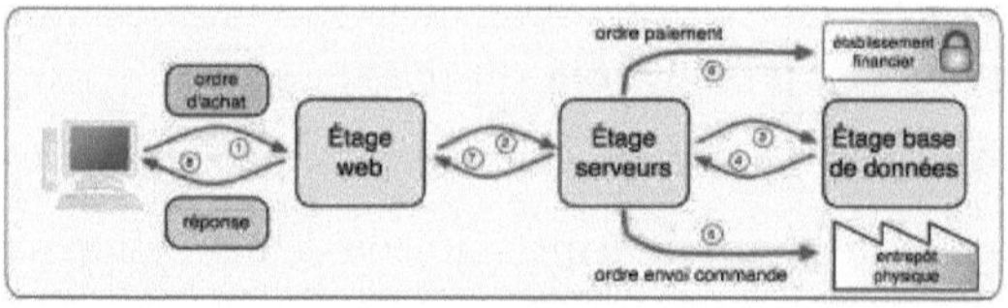

Figura 3: Percurso de um pedido de compra

Como é que os conceitos científicos são agora introduzidos? Eis como funciona.

- A transição da Figura 1 para as Figuras 2 e 3 ilustra a noção de **abstração**[2] uma operação intelectual que desempenha um papel central na computação.

Mostramos que uma realidade complexa pode ser modelada por um diagrama abstrato simples, sobre o qual podemos raciocinar de forma útil. Uma vez definido o esquema lógico das acções a este nível, uma fase de **aperfeiçoamento** permite traduzi-lo em operações reais realizadas por máquinas físicas. Se necessário, são introduzidos níveis adicionais para facilitar a tarefa. Desta forma, o refinamento é efectuado em vistas de "lupa" das diferentes partes do sistema, com níveis de ampliação cada vez mais elevados, sendo os pormenores de implementação especificados a níveis cada vez mais finos.

- O tratamento de um pedido é apresentado como uma sequência de acções elementares, cada uma desencadeada pela anterior. Estas acções seguem um programa pré-estabelecido, mas podem comportar variações em função da situação (por exemplo, o tratamento do caso em que um bem pedido não está disponível). Encontramos aqui todos os ingredientes da noção de **algoritmo**.

- O tratamento dos dados (catálogo, existências, preços, facturas, etc.) introduz a noção de **informação**, que pode ser explicada por dois aspectos: a necessidade de uma organização lógica (lista de endereços dos clientes, rubricas do catálogo, etc.) e a necessidade de um método de armazenamento físico que permita a conservação e o acesso. A combinação destes dois aspectos leva-nos naturalmente à noção de **base de dados**.

- A comunicação do cliente com o sítio, gerida pela fase web, introduz a noção de **interação** (aqui ilustrada pelo diagrama pedido-resposta). Isto leva à necessidade de uma **interface**, um conceito intuitivamente familiar a todos os utilizadores de ecrãs. Os princípios da ergonomia são introduzidos numa fase posterior (ver secção 4). A aplicação é conseguida através da colaboração de vários componentes: as três fases e, dentro de cada uma delas, os seus vários componentes lógicos e físicos. É assim que se introduz a noção de **comunicação**, cujos aspectos lógicos (mensagens de pedido e de resposta) se distinguem dos aspectos físicos (transmissão através de redes). Isto remete-nos para a noção de abstração, desenvolvida noutras partes do museu em relação aos protocolos de comunicação e ao funcionamento da Internet. Apresentámos assim, de forma intuitiva, algumas noções importantes da informática. Podemos então mostrar que estes conceitos, introduzidos a partir de um exemplo específico, são amplamente aplicáveis à compreensão geral do funcionamento de uma vasta gama de objectos e aplicações. Exemplos disto são :

- Um computador,

- Um telemóvel,

- Um robot,

- Um jogo de vídeo,

- Uma aplicação Web normalizada, como o Google, - a própria Web, como suporte da aplicação.

Os visitantes que desejem aprofundar o assunto podem então passar a uma apresentação mais sistemática dos conceitos básicos da informática: informação, algoritmo, máquina, linguagem, cada um dos quais é desenvolvido através de exemplos. Não entraremos aqui em pormenores sobre a organização desta apresentação. O princípio da abordagem do aspeto histórico (como estes conceitos foram surgindo gradualmente) é descrito na secção 5.

IV. IR MAIS LONGE: TORNAR UMA APLICAÇÃO UTILIZÁVEL

Construir um sistema[3] utilizável não é suficiente. É necessário garantir que tem um certo número de propriedades:

- Validade (o sistema faz o que lhe é pedido?),
- Eficiência (fá-lo rapidamente, utilizando poucos recursos?),
- Fiabilidade operacional (o sistema presta o seu serviço em todas as circunstâncias?),
- Ergonomia (está adaptada às necessidades e expectativas dos utilizadores?).

Queremos transmitir duas ideias: estas propriedades não se manifestarão "por si só" se não forem tratadas explicitamente; garanti-las é uma tarefa difícil que requer a ajuda das ferramentas mais avançadas, tanto conceptuais como técnicas. A primeira ideia não é provavelmente nova para um público familiarizado com o mau funcionamento dos produtos e serviços que utiliza (transportes, electrodomésticos, etc.). A segunda, pelo contrário, sublinha a grande complexidade dos objectos informáticos, o que significa que as dificuldades encontradas para os tornar utilizáveis estão ainda longe de ser dominadas. Tomemos o exemplo da **validade**: o sistema deve fazer "o que queremos que ele faça" e nada mais. Mas ainda é preciso definir "o que queremos que ele faça", e isso não é assim tão fácil. A linguagem natural, que continua a ser utilizada com frequência, não é adequada para esta tarefa porque é imprecisa e ambígua. Por isso, temos de inventar um formalismo: um modelo, uma linguagem de especificação, ferramentas gráficas, etc. Uma vez resolvido o problema da especificação (e nem sempre é esse o caso), o passo seguinte é garantir que o produto está em conformidade com a especificação. Também neste caso, existem várias abordagens: teste, construção fundamentada, prova, cada uma das quais tem o seu próprio campo de aplicação e, sobretudo, as suas limitações. Embora ainda estejamos longe de uma solução geral, foram feitos avanços significativos, todos eles assentes em bases científicas sólidas: verificação de modelos, interpretação abstrata, assistentes de prova, dos quais só podemos dar uma ideia aproximada porque envolvem conceitos avançados. Por outro lado, podemos citar exemplos de sistemas falhados que foram amplamente divulgados pelos meios de comunicação social na altura (o fracasso do Ariane 501, o bug do Pentium, etc.), em que se demonstrou a posteriori que a aplicação de métodos rigorosos poderia ter garantido a sua validade.

A eficiência está relacionada com os aspectos quantitativos do desempenho de um sistema: tempo de resposta, espaço ocupado, estabilidade do desempenho, etc. Trata-se de uma qualidade sentida muito diretamente pelos utilizadores. A garantia do desempenho depende sobretudo das caraterísticas dos componentes de hardware utilizados (velocidade, capacidade de armazenamento, etc.), mas também da aplicação de métodos de conceção adequados (encurtamento dos circuitos, boa utilização da informação disponível, etc.) e da utilização de ferramentas de modelização sofisticadas, como os modelos probabilísticos ou as redes de filas de espera. Estes problemas de eficiência serão igualmente ilustrados em aplicações quotidianas: sítios de venda em linha, jogos de vídeo, computadores, Google, etc.

A fiabilidade garante que um sistema desempenha a sua missão "da melhor forma possível" em todas as circunstâncias, incluindo acontecimentos imprevistos como falhas, picos de carga ou ataques maliciosos. O público está cada vez mais consciente dos problemas de avarias, vírus, quebra de confidencialidade, roubo de identidade e outras situações indesejáveis. Também aqui, uma abordagem científica começa a produzir resultados, embora ainda estejamos longe de dominar todos os problemas. Podemos citar alguns progressos, como a criptografia de chave pública, as técnicas de marca de água, a utilização racional da redundância e os sistemas adaptativos.

No museu, estes aspectos serão ilustrados por exemplos de sistemas bem conhecidos, como a Internet, o Google, sistemas críticos incorporados, etc. O exemplo do site de vendas em linha, apresentado anteriormente, será utilizado para ilustrar a noção de transação, uma ferramenta (invisível) amplamente utilizada em todas as aplicações de consumo, bem como a utilização de redundância para garantir a disponibilidade do serviço.

A ergonomia - adaptação do sistema às necessidades e expectativas dos utilizadores - é, sem dúvida, um dos aspectos com que o público está mais familiarizado. Também aqui não faltam contra-exemplos. Destacamos alguns princípios de conceção que são frequentemente violados: a escolha das opções "certas" por defeito em função das expectativas expressas; a uniformidade (apresentação e acções semelhantes para funções semelhantes); a reutilização judiciosa da informação disponível; a previsibilidade, etc.

Para concluir esta secção, adoptamos a mesma abordagem indutiva para os aspectos aqui estudados que adoptámos para a introdução dos conceitos básicos. O que resta fazer é adaptar o modo de apresentação à variedade de situações que acabámos de mencionar.

V.UMA ABORDAGEM HISTÓRICA

Como é que os conceitos introduzidos até agora foram surgindo gradualmente? Uma das abordagens para compreender os conceitos é olhar para a história do seu desenvolvimento. Esta visão histórica tem várias vantagens:

- Destaca o contexto em que uma determinada inovação concetual ou técnica surgiu, seja em resposta a uma necessidade, na sequência de um golpe de génio, ou como a cristalização de ideias ainda "no ar";

- Mostra as etapas da evolução desde os tempos mais remotos até aos dias de hoje e levanta questões sobre os desenvolvimentos futuros. Dois aspectos da evolução são de particular interesse para nós:

- As relações e interações entre os aspectos científicos, aspectos técnicos, industriais e sociais das TI,

- A história dos becos sem saída, dos caminhos errados, das oportunidades perdidas, que é tão instrutiva como a dos avanços e sucessos.

- A este respeito, podemos ilustrar as diferentes formas de evolução dos conhecimentos e das técnicas: antecipação das necessidades em evolução, capacidade de captar e concretizar ideias não formuladas ou, pelo contrário, rutura radical com o modo de pensar atual, etc.

Sem entrar em demasiados pormenores, vamos ilustrar a abordagem histórica através dos seguintes exemplos dois exemplos esquemáticos dos percursos previstos no museu virtual

Um primeiro exemplo é a noção de **algoritmo**, um conceito central na informática. Os primeiros algoritmos surgiram quando se tentou descrever rigorosamente um método de operação (inicialmente, um cálculo) de carácter genérico. Um dos primeiros algoritmos conhecidos é o inventado por Euclides, por volta de 300 a.C., para calcular o maior divisor comum de dois números inteiros. Este exemplo é particularmente interessante porque a resposta às duas questões que ainda hoje se colocam a qualquer algoritmo (termina? dá o resultado esperado?) é formulada em termos elementares que podem ser compreendidos por um aluno do ensino secundário. Uma figura importante é o matemático e astrónomo árabe al-Khwarismî, que nos anos 800 foi o primeiro a abordar o estudo dos algoritmos (termo derivado do seu nome) de uma forma sistemática. Embora muitos algoritmos tenham sido subsequentemente inventados e descritos, especialmente no domínio da matemática, só na década de 1930 e com a criação da metamatemática por Godel, Church, Kleene, Turing e outros é que a noção de algoritmo foi rigorosamente definida e a indecidibilidade do problema da terminação foi estabelecida. Os trabalhos actuais centram-se nos problemas da construção sistemática e da prova de algoritmos, tendo sido feitos grandes progressos nos últimos anos (prova de sistemas complexos como um processador, um compilador ou um kernel de sistema operativo).

Um segundo exemplo diz respeito à noção de **linguagem de programação**, uma forma de exprimir um algoritmo para uma máquina (que pode ser física ou abstrata). A história das linguagens é particularmente rica (existem milhares de linguagens, das quais apenas algumas dezenas tiveram uma vida duradoura), e é muito instrutivo mostrar as motivações que levaram aos vários avanços, bem como as considerações, nem sempre racionais, que levaram ao sucesso ou ao abandono de uma determinada linguagem.

Estes dois exemplos ilustram perfeitamente a importância do substrato científico, muitas vezes ignorado ou subestimado, que está na origem de avanços concretos de grande importância prática. Muitas outras vias são igualmente instrutivas a este respeito (máquinas, informação, bases de dados, redes, robótica, etc.). Um museu virtual da informação funciona através da utilização de tecnologias digitais para oferecer uma experiência de exploração e aprendizagem à distância. Eis alguns elementos-chave do seu funcionamento:

1. **Plataforma em linha**: Os museus virtuais são geralmente acessíveis através de sítios Web ou de aplicações móveis. Permitem aos utilizadores aceder a

colecções, exposições e recursos educativos a partir de qualquer lugar.

2. **Exposições digitais**: Os objectos e obras de arte são frequentemente apresentados sob a forma de fotografias de alta qualidade, vídeos, descrições pormenorizadas e, por vezes, visitas virtuais interactivas que simulam uma visita física.

3. **Interatividade**: Os utilizadores podem interagir com os conteúdos, por exemplo, fazendo zoom sobre obras de arte, navegando em galerias ou participando em questionários e jogos educativos.
4. **Acessibilidade**: Estes museus permitem o acesso de um público mais vasto à cultura e à educação, independentemente da sua localização geográfica ou capacidade física.
5. **Eventos e actividades em linha**: Muitos museus virtuais oferecem palestras, workshops e visitas guiadas ao vivo, permitindo a interação em tempo real com especialistas.

6. **Recursos educativos**: Oferecem frequentemente recursos educativos para professores e alunos, tais como planos de aulas e actividades baseadas em colecções.

Em suma, um museu virtual da informação utiliza a tecnologia para democratizar o acesso à cultura e enriquecer a experiência de aprendizagem.

VI. A IMPORTÂNCIA DOS MUSEUS VIRTUAIS

VI.1. Infra-estruturas Técnicas

- **Servidores e alojamento**: A necessidade de servidores robustos para gerir o tráfego e armazenar grandes quantidades de dados, nomeadamente grandes ficheiros multimédia.
- **Largura de banda**: Uma ligação à Internet rápida e estável é essencial para garantir um acesso sem problemas aos conteúdos, especialmente para experiências imersivas.

VI.2. Digitalização das colecções

- **Qualidade da digitalização**: Os objectos devem ser digitalizados em alta resolução para preservar os detalhes. Isto requer equipamento de alta qualidade e competências técnicas.
- **Interoperabilidade dos formatos**: Os diferentes formatos de ficheiros (imagens, vídeos, 3D) devem ser compatíveis entre si e com os sistemas de gestão do museu.

VI.3. Modelação 3D e Realidade Virtual

- **Complexidade da modelação**: A criação de modelos 3D realistas e interactivos requer competências em gráficos e modelação, bem como software especializado.
- **Compatibilidade de dispositivos**: Garantir que as experiências de realidade virtual funcionam numa variedade de dispositivos (auscultadores de RV, computadores, telemóveis) pode ser um desafio técnico.
- **Criar modelos 3D**: Utilizar software de modelação como o Blender ou o SketchUp para criar representações realistas de objectos.
- **Realidade Virtual (RV) e Realidade Aumentada (RA)**: Desenvolvimento de experiências imersivas em que os utilizadores podem explorar exposições de forma interactiva.

VI.4. Acessibilidade e inclusão

• **Conceção universal**: O desenvolvimento de uma interface acessível a todos, incluindo pessoas com deficiência, exige uma atenção especial à conceção e implementação.

• **Línguas e localização**: A oferta de conteúdos em várias línguas e a adaptação das interfaces a diferentes públicos constituem um desafio logístico e técnico.
• **Democratizar a cultura**: Os museus virtuais permitem que um público global aceda às colecções sem os constrangimentos da geografia, especialmente para aqueles que não podem visitar os museus físicos devido à distância ou a deficiências.
• **Disponibilidade 24/7**: Oferecem um acesso constante aos recursos, permitindo aos utilizadores visitar as exposições a qualquer momento.

VI.5. Sistemas de gestão de conteúdos (CMS)

• **Seleção do CMS**: Escolha um sistema que se adapte às necessidades específicas do museu, capaz de gerir colecções variadas e que ofereça opções de personalização.
• **Actualizações e manutenção**: Assegurar que o CMS é atualizado regularmente por razões de segurança e funcionalidade.

VI.6. Segurança dos dados

• **Proteção de dados**: Garantir a segurança dos dados dos utilizadores e das colecções digitais contra a pirataria informática e a perda de dados.
• **Direitos de autor e licenças**: Gerir os direitos de autor das obras expostas e garantir que os conteúdos utilizados cumprem a regulamentação em vigor.

VI.7. Compromisso do público

• **Interatividade e experiência do utilizador**: A criação de experiências cativantes que incentivem os visitantes a explorar e a interagir com o conteúdo exige uma conceção cuidada.

• **Feedback e avaliação**: Implementar ferramentas para recolher o feedback dos utilizadores e avaliar a eficácia das exposições virtuais.

VI.8. Educação

• **Ferramentas de aprendizagem interactivas**: Os museus virtuais oferecem recursos educativos que podem ser integrados nos currículos escolares, proporcionando experiências de aprendizagem envolventes e interactivas.

• **Formação contínua**: Facilitam a aprendizagem ao longo da vida, oferecendo conteúdos educativos a uma vasta gama de públicos.

VI.9. Conservação

• **Preservação digital**: A digitalização de obras de arte e artefactos contribui para a sua conservação, reduzindo o risco de deterioração física. Permite igualmente preservar objectos raros ou frágeis.

• **Documentação**: Os museus virtuais mantêm registos digitais das obras, garantindo a sua acessibilidade mesmo que os objectos físicos se danifiquem ou percam.

VI. 1O. Promoção da cultura

Ao tornar as colecções acessíveis a todos, os museus virtuais ajudam a divulgar a cultura e o património. Destacam artistas, movimentos artísticos e histórias que podem não estar adequadamente representados em museus físicos.

*VI.11.*Relação custo-eficácia

A criação e gestão de um museu virtual pode ser menos dispendiosa do que a de um museu tradicional. Isto permite poupar nos custos de manutenção, no pessoal e nas infra-estruturas físicas, ao mesmo tempo que permite chegar a um público mais vasto.

VI.12. Redução de custos

• **Poupança de recursos**: Os museus virtuais podem reduzir os custos de funcionamento associados à manutenção de um espaço físico, ao mesmo tempo que atingem um público mais vasto.
• **Modelos de negócio alternativos**: Estes oferecem oportunidades de rentabilização através de subscrições, donativos ou venda de subprodutos digitais.

VII. COMPONENTES TÉCNICOS DE UM MUSEU VIRTUAL

VII.1. Sistemas de gestão de conteúdos (CMS)

• **Escolha do CMS**: Seleção de uma plataforma adequada para organizar, gerir e atualizar os conteúdos do museu, como o WordPress, o Drupal ou soluções específicas para museus.
• **Personalização**: Capacidade de adaptar o CMS para satisfazer as necessidades particulares do museu, incluindo funcionalidades específicas para a interatividade.

VII.2. Interfaces Utilizador

• **Design adaptativo**: Desenvolvimento de interfaces acessíveis que se adaptam a diferentes dispositivos (computadores, tablets, smartphones) e às necessidades dos utilizadores, incluindo os portadores de deficiência.
• **Multilinguismo**: Integração de várias línguas para atingir um público internacional e diversificado.

VII.3. Interatividade

• **Elementos interactivos**: Integração de questionários, jogos e outros elementos interactivos para envolver os visitantes e enriquecer a sua experiência.
• **Visitas guiadas virtuais**: Sessões em linha com especialistas para guiar os utilizadores através das colecções.

VIII. EXPERIÊNCIAS IMERSIVAS NUM MUSEU VIRTUAL

VIII.1. Modelação 3D

• **Criação de modelos realistas**: Utilização de software de modelação 3D para reproduzir fielmente objectos e obras de arte, permitindo aos visitantes explorá-los de diferentes ângulos.

• **Navegação interactiva**: os utilizadores podem interagir com os modelos 3D, fazendo zoom, rodando ou descobrindo detalhes específicos, oferecendo uma imersão total na obra.

VIII.2. Realidade virtual (RV)

• **Visitas virtuais imersivas**: Integração de auscultadores de realidade virtual para oferecer visitas imersivas, em que os utilizadores se sentem presentes no ambiente do museu.

• **Simulações e reconstruções**: Criação de experiências de simulação que permitem aos visitantes vivenciar acontecimentos históricos ou explorar ambientes culturais em 3D.

VIII.3. Realidade Aumentada (RA)

• **Sobreposição de informações**: utilização de aplicações de realidade aumentada que sobrepõem informações adicionais a objectos físicos quando visualizados através de um dispositivo móvel.

• **Experiências interactivas**: Os utilizadores podem interagir com elementos virtuais em tempo real, enriquecendo a sua compreensão das obras expostas.

VIII.4. Exposições interactivas

• **Elementos participativos**: Integração de questionários, jogos e outros elementos interactivos que incentivem os visitantes a participar ativamente na experiência.

• **Narração interactiva**: Utilização de narrativas interactivas que permitem aos utilizadores escolher o seu próprio percurso através da exposição, tornando cada visita única.

VIII.5. Visitas guiadas virtuais

• **Sessões em direto com especialistas**: Organização de visitas guiadas em tempo real com curadores ou especialistas, permitindo aos visitantes colocar questões e obter informações aprofundadas.

• **Gravações de visitas guiadas**: Disponibilização de visitas guiadas pré-gravadas que podem ser visualizadas em qualquer altura, oferecendo flexibilidade aos utilizadores.

VIII.6. Conteúdo multimédia

• **Integração de vídeo e áudio**: Utilização de meios audiovisuais para enriquecer a experiência, como documentários, entrevistas com especialistas ou comentários áudio sobre as obras.

• **Apresentações de diapositivos e galerias**: Apresentação das colecções através de diaporamas interactivos que permitem aos utilizadores navegar facilmente entre as obras.

IX. GESTÃO E MANUTENÇÃO DE UM MUSEU VIRTUAL

IX.1. Sistemas de gestão de conteúdos (CMS)

•**Escolha do CMS**: Seleção de uma plataforma adequada que permita uma gestão eficaz dos conteúdos, como o WordPress, o Drupal ou soluções específicas para museus. O CMS deve ser capaz de suportar vários formatos de ficheiros e oferecer ferramentas de análise.

•**Actualizações regulares**: Atualização do CMS em termos de segurança, desempenho e novas funcionalidades. Isto inclui a atualização dos plugins e temas utilizados.

IX.2. Técnico de manutenção

•**Monitorização do desempenho**: Utilização de ferramentas para monitorizar a velocidade e o desempenho do sítio, a fim de identificar e resolver rapidamente problemas técnicos que possam afetar a experiência do utilizador.

•**Cópias de segurança regulares**: Criação de um sistema automático de cópias de segurança para proteger os dados e o conteúdo contra perdas ou falhas técnicas.

IX.3. Gestão de conteúdos

•**Criação e atualização de conteúdos**: Desenvolvimento de novos conteúdos, como artigos, vídeos e exposições, para manter o interesse dos visitantes e enriquecer a experiência oferecida.

•**Organização das colecções**: Atualização regular das colecções e exposições, assegurando que a informação é exacta e facilmente acessível.

IX.4. Segurança dos dados

•**Proteção dos dados sensíveis**: Aplicação de protocolos de segurança para proteger as informações dos utilizadores e os dados sensíveis relativos às colecções.

• **Gestão dos direitos de autor**: Assegurar a conformidade com os direitos de autor e a regulamentação da propriedade intelectual das obras expostas.

IX.5. Feedback e melhoria contínua

• **Recolha de feedback dos utilizadores**: Implementação de mecanismos para obter feedback dos visitantes, por exemplo, utilizando questionários ou ferramentas de análise comportamental.

• **Análise de dados**: Utilização de ferramentas analíticas para avaliar o envolvimento dos utilizadores, as páginas mais visitadas e outras métricas para otimizar a experiência.

IX.6. Suporte técnico

• **Apoio ao utilizador**: Prestar apoio técnico para ajudar os utilizadores a navegar na plataforma, resolver problemas técnicos e responder a perguntas.

• **Formação do pessoal**: Formação contínua do pessoal sobre novas tecnologias, gestão de conteúdos e melhores práticas em matéria de segurança e envolvimento dos utilizadores.

X. FERRAMENTAS DE ANÁLISE DE DESEMPENHO RECOMENDADAS PARA UM MUSEU VIRTUAL

A análise do desempenho de um museu virtual é essencial para compreender o envolvimento dos utilizadores e otimizar a experiência. Eis algumas ferramentas recomendadas:

X.1. Google Analytics

• **Descrição**: Ferramenta gratuita para acompanhar o tráfego do site, o comportamento dos utilizadores e as conversões.
• **Caraterísticas** :

o Monitorização das visualizações de páginas, do tempo passado em cada página e da taxa de rejeição.
o Análise das fontes de tráfego (pesquisa orgânica, redes sociais, etc.).
o Criação de relatórios personalizados para avaliar campanhas ou eventos específicos.

X.2. Hotjar

• **Descrição**: Ferramenta de análise comportamental que fornece informações visuais sobre a forma como os utilizadores interagem com o sítio.
• **Caraterísticas** :

o Mapas de calor que mostram as áreas clicadas e percorridas pelos utilizadores.
o Gravação de sessões de utilizadores para observar padrões de navegação.
o Inquéritos e feedback integrados para recolher opiniões diretamente dos visitantes.

X.3. Matomo (anteriormente Piwik)

• **Descrição** : Plataforma de análise de fonte aberta que oferece um controlo total sobre os dados.

• **Caraterísticas** :

o Acompanhamento dos visitantes em tempo real com relatórios pormenorizados.

o Respeito pela confidencialidade dos dados, que é crucial para muitos utilizadores.

o Possui funcionalidades avançadas de segmentação e relatórios personalizáveis.

X.4. Ovo louco

• **Descrição**: Ferramenta de visualização que ajuda a compreender como os utilizadores interagem com o sítio.

• **Caraterísticas** :

o Mapas de calor e gravações de sessões.

o Ferramentas de teste A/B para avaliar o impacto das alterações de conceção.

o Relatórios sobre cliques, deslocações e interações.

X.5. SEMrush

• **Descrição**: Principalmente uma ferramenta de SEO, mas também oferece funções de análise do desempenho do sítio.

• **Caraterísticas** :

o Monitorizar o desempenho da pesquisa orgânica e paga.

o Análise da concorrência e de palavras-chave para otimizar o conteúdo.

o Auditoria do sítio para identificar problemas técnicos que afectem o desempenho.

X.6. Insights do PageSpeed

• **Descrição**: Ferramenta da Google que analisa a velocidade de carregamento das páginas e fornece recomendações de otimização.

• **Caraterísticas** :

o Análise do desempenho no telemóvel e no computador.

o Sugestões para melhorar os tempos de carregamento, como a compressão de imagens ou a minimização do JavaScript.

X.7. **Consola de pesquisa do Google**

• **Descrição**: A ferramenta gratuita do Google para monitorizar a presença do seu sítio nos resultados de pesquisa.

• **Caraterísticas** :

o Acompanhamento do desempenho da pesquisa e dos cliques.

o Identificação de erros de exploração e de problemas de indexação.

o Relatórios sobre as palavras-chave que geram tráfego para o sítio.

A. O conceito de um Museu da Computação e da Sociedade Digital: é uma iniciativa interessante que visa explorar o impacto da computação e das tecnologias digitais na nossa sociedade. Eis alguns elementos-chave que poderão caraterizar um museu deste tipo:

1. **Exposições temáticas**

• **História da informática**: Secções dedicadas aos pioneiros da computação, aos primeiros computadores e aos principais desenvolvimentos tecnológicos.

• **Tecnologias emergentes**: Apresentação das mais recentes inovações, como a inteligência artificial, a realidade virtual e a Internet das Coisas.

2. **Interatividade**

• **Estações interactivas**: permitem aos visitantes experimentar tecnologias como simuladores de programação ou demonstrações de realidade aumentada.

• **Workshops e seminários**: Oferecer programas educativos para todas as idades sobre temas como a programação, a cibersegurança e a ética digital.

3. **Coleção de objectos históricos**

• **Hardware informático**: Expor computadores icónicos, jogos de vídeo retro e outros dispositivos tecnológicos.

• **Documentos e arquivos**: Conservação de arquivos de patentes, publicações e correspondência de figuras-chave da informática.

4. **Reflexão sobre o impacto na sociedade**

• **Sociedade digital**: Explorar a forma como as tecnologias digitais estão a transformar o trabalho, a comunicação, a educação e a cultura.

• **Questões éticas**: Abordagem de temas como a privacidade, a desinformação e o impacto ambiental da tecnologia.

5. **Parcerias e colaborações**

• **Colaboração com universidades e empresas de tecnologia**: para exposições temporárias e projectos de investigação.

• **Eventos comunitários**: Organização de hackathons, conferências e debates públicos sobre questões digitais.

B. A ideia de um museu dedicado à informática e à sociedade digital é particularmente pertinente no nosso mundo cada vez mais conectado. Eis alguns aspectos a considerar aquando da criação de um museu deste tipo:

1. **Os objectivos do Museu**

• **Educação**: Sensibilizar o público para as tecnologias digitais, a sua história e o seu impacto na sociedade.

• **Conservação**: Preservação de objectos históricos relacionados com as TI, tais como computadores antigos, software icónico e dispositivos de comunicação.

2. **Exposições temáticas**

• **História da Informática**: Exposições sobre os pioneiros da computação, como Alan Turing e Ada Lovelace, e marcos tecnológicos.

• **Evolução das tecnologias**: Uma linha cronológica interactiva que mostra a evolução dos computadores, das redes e dos dispositivos móveis.

• **Impacto social**: Explorar a forma como as TI transformaram sectores como a educação, a saúde e as comunicações.

3. **Experiências interactivas**

• **Simulações e workshops**: Áreas onde os visitantes podem programar, fazer experiências com tecnologias antigas ou participar em workshops sobre temas como a cibersegurança.

• **Visitas virtuais**: oferecer experiências imersivas em linha, permitindo a um público global descobrir as exposições.

4. **Parcerias e colaborações**

• Colaboração com universidades, empresas de tecnologia e outras instituições culturais para enriquecer o conteúdo e os recursos do museu.

• Organização de conferências e seminários com peritos no domínio.

5. **Acessibilidade e inclusão**

• Assegurar que o museu seja acessível a todos, incluindo pessoas com deficiência.

• Oferecer conteúdos em várias línguas e adaptados a diferentes níveis de compreensão.

6. **Sustentabilidade**

• Integrar práticas sustentáveis na gestão do museu, utilizando tecnologias ecológicas e sensibilizando o público para as questões ambientais associadas às TI.

C. Um Museu da Informática e da Sociedade Digital seria um local fascinante dedicado a explorar o impacto da tecnologia digital na nossa sociedade. Eis algumas ideias sobre o que um museu deste género poderia incluir:

1. **Exposições temáticas**

- **História da informática**: dos computadores antigos às tecnologias modernas, com objectos icónicos como os primeiros computadores pessoais, consolas de jogos retro, etc.
- **Evolução da Internet**: Uma linha cronológica interactiva que mostra o desenvolvimento da Web, desde os primeiros navegadores até às redes sociais actuais.

2. **Instalações interactivas**

- **Simulações tecnológicas**: instalações que permitem aos visitantes programar algoritmos simples ou descobrir como funcionam os sistemas operativos.
- **Realidade virtual**: experiências imersivas que ilustram conceitos como a inteligência artificial e a realidade aumentada.

3. **Educação e sensibilização**

- **Workshops e conferências**: Eventos educativos sobre temas como a cibersegurança, a proteção dos dados pessoais e os desafios éticos da IA.
- **Programas para jovens**: Iniciativas para familiarizar as crianças e os adolescentes com a programação e as tecnologias digitais.

4. **Exposições sobre a sociedade digital**

- **Impacto social da tecnologia**: Estudos de casos sobre a forma como a tecnologia transformou o trabalho, a comunicação e o lazer.
- **Arte digital**: Uma galeria dedicada aos artistas que utilizam as tecnologias digitais como meio de expressão.

5. **Conservação e arquivos**

- **Preservação do património digital**: Uma secção dedicada à preservação de software, sítios Web históricos e jogos de vídeo.

6. **Visitas virtuais**

• Acesso em linha para permitir que pessoas de mais longe descubram as exposições e interajam com os conteúdos, melhorando assim a acessibilidade.

D. Garantir o futuro a longo prazo de um museu digital requer uma abordagem estratégica e multidimensional. Aqui estão alguns elementos-chave a considerar:

1. Apoio financeiro sustentável

• **Modelos de financiamento variados**: Diversificar as fontes de rendimento através de subvenções, parcerias empresariais, donativos privados e venda de bilhetes para eventos.
• **Adesões e subscrições**: Crie programas de adesão para fidelizar o público e gerar receitas recorrentes.

2. Atualização tecnológica

• **Manutenção regular**: atualização do software e das plataformas para acompanhar as tecnologias mais recentes.
• **Inovação contínua**: Integrar novas tecnologias, como a realidade aumentada ou a inteligência artificial, para melhorar a experiência do utilizador.

3. Conteúdo atualizado e relevante

• **Atualização das exposições**: Atualizar regularmente o conteúdo para refletir a evolução tecnológica e social.
• **Parcerias com instituições**: Trabalhar com universidades, investigadores e outros museus para melhorar as colecções e exposições.

4. Acessibilidade e inclusão

• **Interface de utilizador acessível**: Conceber uma interface intuitiva e acessível que tenha em conta as necessidades das pessoas com deficiência.
• **Conteúdo multilingue**: Ofereça traduções em várias línguas para chegar a um público global.

5. Participação comunitária

• **Feedback do público**: Incentivar os visitantes a darem a sua opinião e a participarem na criação de conteúdos.
• **Eventos e workshops**: Organizar actividades regulares para envolver a comunidade e atrair novos visitantes.

6. Preservação digital

• **Cópia de segurança dos dados**: Implementar sistemas de cópia de segurança para proteger as colecções digitais contra a perda de dados.
• **Arquivamento**: Desenvolvimento de estratégias de arquivo para preservar obras de arte
e documentos digitais de longa duração.

7. Promoção e visibilidade

• **Marketing digital**: Utilização das redes sociais, SEO e outras estratégias de marketing digital para aumentar a visibilidade do museu.

E. Parcerias com influenciadores e bloggers para alcançar novos públicos. Garantir o futuro a longo prazo de um museu digital requer uma abordagem estratégica e multifacetada. Aqui estão alguns elementos-chave a considerar:

1. **Modelo de negócio sustentável**

• **Financiamento diversificado**: Procurar uma variedade de fontes de financiamento, incluindo subsídios, parcerias empresariais, donativos privados e receitas geradas por eventos ou workshops.

• **Associações e subscrições**: Oferecer programas de adesão ou subscrições que ofereçam benefícios exclusivos aos membros.

2. **Conteúdo de qualidade**

• **Atualização regular**: Assegurar que o conteúdo e as exposições são frequentemente actualizados para refletir os desenvolvimentos tecnológicos e as novas tendências.

• **Trabalhar com peritos**: Trabalhar com especialistas na área para garantir a exatidão e a relevância da informação apresentada.

3. **Acessibilidade e inclusão**

• **Interface de utilizador adaptada**: Desenvolvimento de uma interface de fácil utilização que seja acessível a todos os utilizadores, incluindo pessoas com deficiência.

• **Conteúdo multilingue**: Ofereça conteúdos em várias línguas para chegar a um público internacional.

4. **Compromisso comunitário**

• **Parcerias locais**: Trabalhar com escolas, universidades e organizações comunitárias para promover o museu e as suas actividades.

• **Feedback dos visitantes**: Recolher regularmente as opiniões dos utilizadores para melhorar a experiência e satisfazer as suas expectativas.

5. **Tecnologia e infra-estruturas**

• **Plataforma robusta**: invista numa infraestrutura tecnológica fiável e segura para evitar avarias e proteger os dados dos utilizadores.

• **Adaptabilidade às novas tecnologias**: Estar preparado para integrar novas tecnologias para se manter relevante, como a realidade virtual, a inteligência artificial ou as aplicações móveis.

6. **Estratégia de comunicação**

- **Presença ativa em linha**: Manter uma presença forte nas redes sociais e plataformas digitais para atrair e envolver o público.
- **Marketing e promoção**: Utilizar campanhas de marketing para publicitar novas exposições e eventos, dirigidas a grupos específicos.

7. **Preservação digital**

- **Arquivamento**: Implementação de protocolos de arquivo para preservar os conteúdos digitais a longo prazo, utilizando formatos normalizados e sistemas de cópia de segurança.
- **Actualizações tecnológicas**: Planear actualizações regulares e migrações de conteúdos para evitar a obsolescência.

F. Medir o impacto de um museu digital no seu público é essencial para avaliar o seu sucesso e melhorar as suas ofertas. Aqui estão vários métodos e indicadores a serem considerados:

1. **Estatísticas de tráfego Web**

- **Visitas e utilizadores únicos**: Analisar o número de visitas e de utilizadores únicos no sítio para ter uma ideia do alcance do museu.
- **Duração da visita**: Medir o tempo passado no sítio ou em secções específicas para avaliar o envolvimento dos visitantes.

2. **Interatividade e envolvimento**

- **Taxa de interação**: Acompanhar as interações dos utilizadores com os conteúdos, tais como cliques em exposições, descarregamentos de recursos ou participação em jogos e questionários.

• **Comentários e feedback**: Recolher as opiniões dos visitantes através de formulários, inquéritos ou redes sociais para compreender a sua experiência.

3. **Análise de redes sociais**

• **Envolvimento na rede**: Medir os gostos, as partilhas, os comentários e as menções nas plataformas sociais para avaliar o impacto e a ressonância das publicações.
• **Crescimento da comunidade**: Observar as alterações no número de seguidores e no envolvimento ao longo do tempo.

4. **Avaliações e inquéritos**

• **Inquéritos pós-visita**: Envie inquéritos aos visitantes após a sua experiência para obter feedback sobre o que gostaram ou o que gostariam de ver melhorado.
• **Avaliações de conteúdo**: Pedir aos utilizadores que avaliem o exposições ou conteúdos educativos para medir a sua satisfação.

5. **Impacto educativo**

• **Testes e avaliações** : Para os programas educativos, utilizar avaliações prévias e posteriores para medir os conhecimentos adquiridos pelos participantes.
• **Taxa de participação em workshops**: Acompanhar a participação em eventos ou workshops para avaliar o interesse e o empenho.

6. **Parcerias e colaborações**

• **Feedback dos parceiros**: Obter reacções de instituições de ensino, organizações culturais ou outros parceiros sobre o impacto da colaboração.

7. **Estudos de casos e testemunhos**

• **Histórias dos visitantes**: Recolher as histórias dos visitantes para compreender de que forma o museu influenciou a sua compreensão ou apreciação da computação e da tecnologia digital.

• **Estudos de casos**: Analisar grupos de utilizadores específicos (estudantes, famílias, profissionais) para identificar impactos particulares.

8. **Objectivos de acompanhamento**

• **Indicadores-chave de desempenho (KPIs)**: Definir KPIs específicos de acordo com os objectivos do museu (por exemplo, aumentar o número de visitas, melhorar o envolvimento, etc.) e monitorizar o seu progresso.

G. Medir o impacto de um museu digital no seu público requer uma abordagem metódica e diversificada. Eis alguns dos principais métodos e indicadores a considerar:

1. **Análise dos dados de utilização**

• **Estatísticas de visitas**: Acompanhe o número de visitantes únicos, as visualizações de páginas e a duração média da sessão para avaliar o envolvimento.
• **Comportamento dos utilizadores**: analisar os percursos de navegação dos utilizadores para identificar as secções mais populares e as que precisam de ser melhoradas.

2. **Inquéritos e feedback**

• **Questionários em linha**: Distribuir inquéritos para recolher feedback sobre a experiência do utilizador, a qualidade dos conteúdos e as expectativas dos visitantes.
• **Classificações e comentários**: Permitir que os utilizadores deixem classificações e comentários sobre exposições e recursos.

3. **Envolvimento nas redes sociais**

• **Interação**: Medir os gostos, as partilhas, os comentários e o alcance das publicações para avaliar o interesse do público.

- **Sentimento analítico**: Analisar o tom e o sentimento dos comentários para compreender a forma como o museu é percepcionado.

4. **Estudos de casos e testemunhos**

- **Histórias de visitantes**: Recolha de testemunhos e histórias de visitantes para ilustrar o impacto pessoal e educativo do museu.
- **Estudos de casos**: Desenvolver estudos de casos sobre grupos específicos (escolas, comunidades) para avaliar o impacto nas populações visadas.

5. **Parcerias educativas**

- **Feedback dos educadores**: Trabalhar com professores e educadores para avaliar a forma como os recursos do museu estão a ser utilizados nos programas escolares.
- **Impacto na aprendizagem**: Avaliar se as visitas virtuais melhoram a compreensão de matérias ou competências específicas.

6. **Objectivos de acompanhamento**

- **Indicadores-chave de desempenho (KPIs)**: Defina KPIs claros (por exemplo, taxa de retorno do visitante, taxa de satisfação) para medir a realização dos objectivos do museu.
- **Relatórios regulares**: Elaborar relatórios de impacto regulares para acompanhar os progressos e ajustar as estratégias em conformidade.

7. **Avaliação da acessibilidade**

- **Análise da acessibilidade**: Avaliar se o conteúdo é acessível a todos, incluindo pessoas com deficiência, e medir o impacto nestes grupos.

Garantir o futuro a longo prazo de um museu digital requer uma abordagem estratégica e multifacetada. Eis alguns elementos-chave a considerar:

1. **Modelo de negócio sustentável**

- **Financiamento diversificado**: Procurar uma variedade de fontes de financiamento, incluindo subsídios, parcerias empresariais, donativos privados e receitas geradas por eventos ou workshops.
- **Associações e subscrições**: Oferecer programas de adesão ou subscrições que ofereçam benefícios exclusivos aos membros.

2. **Conteúdo de qualidade**

- **Atualização regular**: Assegurar que o conteúdo e as exposições são frequentemente actualizados para refletir os desenvolvimentos tecnológicos e as novas tendências.
- **Trabalhar com peritos**: Trabalhar com especialistas na área para garantir a exatidão e a relevância da informação apresentada.

3. **Acessibilidade e inclusão**

- **Interface de utilizador adaptada**: Desenvolvimento de uma interface de fácil utilização que seja acessível a todos os utilizadores, incluindo pessoas com deficiência.
- **Conteúdo multilingue**: Ofereça conteúdos em várias línguas para chegar a um público internacional.

4. **Compromisso comunitário**

- **Parcerias locais**: Trabalhar com escolas, universidades e organizações comunitárias para promover o museu e as suas actividades.
- **Feedback dos visitantes**: Recolher regularmente as opiniões dos utilizadores para melhorar a experiência e satisfazer as suas expectativas.

5. **Tecnologia e infra-estruturas**

- **Plataforma robusta**: invista numa infraestrutura tecnológica fiável e segura para evitar avarias e proteger os dados dos utilizadores.

- **Adaptabilidade às novas tecnologias**: Estar preparado para integrar novas tecnologias para se manter relevante, como a realidade virtual, a inteligência artificial ou as aplicações móveis.

6. **Estratégia de comunicação**

- **Presença ativa em linha**: Manter uma presença forte nas redes sociais e plataformas digitais para atrair e envolver o público.
- **Marketing e promoção**: Utilizar campanhas de marketing para publicitar novas exposições e eventos, dirigidas a grupos específicos.

7. **Preservação digital**

- **Arquivamento**: Implementação de protocolos de arquivo para preservar os conteúdos digitais a longo prazo, utilizando formatos normalizados e sistemas de cópia de segurança.
- **Atualização tecnológica**: Planear actualizações regulares e novas tecnologias migração de conteúdos para evitar a obsolescência.

Medir o impacto de um museu digital no seu público é essencial para avaliar a sua eficácia e melhorar as suas ofertas. Aqui estão alguns métodos e indicadores chave a considerar:

1. **Análise de dados da Web**

- **Visitantes e envolvimento**: Utilizar ferramentas de análise (como o Google Analytics) para controlar o número de visitantes, o tempo passado no sítio, as páginas mais populares e a taxa de rejeição.
- Dados **demográficos dos utilizadores**: analisar os dados demográficos para compreender melhor quem visita o museu (idade, localização, etc.) e adaptar os conteúdos em conformidade.

2. **Sondagens e inquéritos**

- **Inquéritos pós-visita**: Enviar inquéritos aos visitantes após a sua experiência para recolher informações sobre a sua satisfação, o impacto sentido e as melhorias desejadas.
- **Avaliações de conteúdos**: Pedir aos utilizadores que avaliem exposições ou recursos educativos específicos para medir o envolvimento e o impacto.

3. **Feedback qualitativo**

- **Testemunhos e críticas**: Incentive os visitantes a deixarem comentários ou testemunhos sobre a sua experiência, o que pode fornecer informações valiosas.
- **Grupos de discussão**: Organizar grupos de discussão com os utilizadores para explorar as suas percepções e expectativas.

4. **Monitorizar as interações sociais**

- **Envolvimento nas redes sociais**: Análise de gostos, partilhas e comentários em publicações relacionadas com museus para avaliar o interesse e a interação do público.
- **Menções e discussões**: Monitorizar as menções ao museu nas redes sociais e nos meios de comunicação social para compreender a sua influência e alcance.

5. **Avaliação da aprendizagem**

- **Testes e questionários**: Incluir questionários ou testes antes e depois da experiência para medir os conhecimentos adquiridos pelos visitantes.
- **Monitorização do progresso educativo**: Trabalhar com as escolas para avaliar o impacto educativo do museu nos alunos.

6. **Análise do comportamento dos visitantes**

- **Mapeamento do percurso do utilizador**: Analisar como os visitantes navegam no sítio, quais as secções mais populares e onde abandonam a visita.

• **Utilização de recursos**: Acompanhe os downloads de recursos educativos, as inscrições em eventos ou workshops e outras interações mensuráveis.

7. **Impacto na comunidade**

• **Parcerias e colaboração**: Avaliar as colaborações com escolas, universidades ou organizações comunitárias para medir o impacto na sensibilização e na educação.
• **Participação em Eventos**: Medir a participação do público em eventos online ou presenciais associados ao museu.

H. Uma análise eficaz dos dados qualitativos recolhidos exige uma abordagem sistemática e estruturada. Seguem-se algumas etapas e métodos para orientar esta análise:

1. **Preparação dos dados**

• **Transcrição**: Se os dados tiverem a forma de gravações áudio ou vídeo, comece por transcrevê-las. Isto dar-lhe-á um texto claro para analisar.
• **Organização**: Agrupar os dados por tema, tipo de resposta ou categoria para facilitar a análise.

2. **Conhecer os dados**

• **Leitura inicial**: Ler os dados cuidadosamente várias vezes para se familiarizar com o conteúdo e identificar quaisquer primeiras impressões ou temas emergentes.

3. **Codificação de dados**

• **Criação de códigos**: Desenvolver códigos para categorizar a informação. Isto pode ser feito de forma indutiva (deixando que os temas surjam dos dados) ou dedutiva (utilizando temas pré-estabelecidos).
• **Utilização de software**: Considerar a utilização de software de análise

qualitativa como o NVivo, Atlas.ti ou MAXQDA para facilitar a codificação e a organização dos dados.

4. **Identificação do tema**

• **Temas emergentes** : Examinar os códigos para identificar temas recorrentes ou significativos. Agrupar códigos semelhantes para formar categorias mais amplas.

• **Diagramas e mapas mentais**: Utilizar visualizações para representar as relações entre temas e códigos, o que pode ajudar a clarificar as ligações.

5. **Interpretação dos dados**

• **Contextualização**: Analisar os resultados tendo em conta o contexto em que os dados foram recolhidos. Que circunstâncias podem ter influenciado as respostas?

• **Procurar o significado**: Tente compreender o significado das respostas. O que é que elas revelam sobre as percepções, atitudes ou comportamentos dos participantes?

6. **Validação dos resultados**

• **Triangulação**: Comparar os resultados de diferentes fontes de dados (por exemplo, entre inquéritos e entrevistas) para reforçar a credibilidade das conclusões.

• **Feedback dos participantes**: Se possível, volte a falar com os participantes para verificar se as suas reacções foram corretamente interpretadas.

7. **Relatório e apresentação de resultados**

• **Escrita estruturada**: Redigir um relatório claro e estruturado, incorporando citações diretas dos participantes para ilustrar os temas identificados.

• **Visualizações** : Utilize gráficos, quadros e diagramas para tornar os seus resultados mais acessíveis e compreensíveis.

8. **Utilização dos resultados**

• **Recomendações**: Formular recomendações com base nos resultados da análise para informar decisões estratégicas e melhorar as ofertas do museu.
• **Acompanhamento**: Planear avaliações regulares para verificar se as alterações introduzidas em resposta aos dados qualitativos estão a ter um impacto positivo.

I. A análise eficaz de dados qualitativos requer uma abordagem estruturada para extrair conhecimentos significativos. Seguem-se alguns passos e métodos para orientar esta análise:

1. **Recolha de dados**

• **Formatos variados**: Recolher dados de várias fontes, tais como inquéritos, entrevistas, grupos de discussão e comentários em linha.
• **Transcrição**: No caso de entrevistas ou debates, transcrever as gravações para facilitar a análise.

2. **Imersão em dados**

• **Leitura aprofundada**: Ler atentamente todas as respostas para se familiarizar com o conteúdo e identificar os temas iniciais.
• **Tomar notas**: Anotar as impressões, ideias recorrentes e pontos de interesse durante esta fase de exploração.

3. **Codificação de dados**

• **Desenvolvimento de um sistema de codificação**: Criar códigos (palavras ou frases) para representar os temas ou conceitos-chave identificados nas respostas.
• **Codificação aberta**: Comece com uma codificação aberta, permitindo que os temas surjam naturalmente a partir do texto.

• **Codificação axial**: agrupar códigos semelhantes para formar categorias mais amplas que facilitem a análise.

4. **Identificação do tema**

• **Análise temática**: Identificar os principais temas que emergem dos dados codificados. Procurar padrões recorrentes ou discrepâncias significativas.
• **Criar mapas mentais**: Visualizar as relações entre temas e subtemas para compreender melhor as ligações.

5. **Interpretação dos dados**

• **Contextualização**: Analisar os resultados tendo em conta o contexto, as motivações dos inquiridos e as caraterísticas específicas do público-alvo.
• **Extração de ideias**: Identificar conhecimentos significativos que respondam às questões de investigação iniciais ou aos objectivos do museu.

6. **Validação dos resultados**

• **Triangulação**: Comparação dos resultados com outras fontes de dados (quantitativos ou qualitativos) para verificar a sua validade.
• **Feedback dos participantes**: Se possível, partilhe os resultados com alguns participantes para obter o seu feedback e confirmar a interpretação.

7. **Apresentação de resultados**

• **Relatórios claros**: Redigir relatórios claros e concisos que resumam os resultados, os temas identificados e as recomendações.
• **Visualização de dados**: Utilizar gráficos, tabelas e infografias para tornar os resultados mais acessíveis e atractivos.

8. **Acompanhamento e acções**

• **Implementação das recomendações**: Usar os conhecimentos obtidos com a análise para informar as decisões e estratégias futuras do museu.

• **Avaliação contínua**: Planear avaliações regulares para medir o impacto das mudanças implementadas e ajustar as estratégias em conformidade.

A análise eficaz de dados qualitativos requer uma abordagem sistemática para extrair informações valiosas. Eis os principais passos a seguir:

1. **Recolha de dados**

• **Registos exactos**: Certifique-se de que os dados estão bem documentados, seja através de notas, gravações áudio ou vídeo.
• **Amostragem representativa**: Escolher uma amostra representativa para captar uma variedade de perspectivas.

2. **Transcrição**

• **Transcrever gravações**: Converta todas as gravações de áudio ou vídeo em texto para facilitar a análise.
• **Verificação da transcrição**: Reler as transcrições para garantir a exatidão e a clareza.

3. **Codificação de dados**

• **Desenvolvimento de um sistema de codificação**: Criar categorias ou temas com base em questões de investigação ou tópicos emergentes.
• **Codificação aberta**: Identificar os códigos iniciais através da análise dos dados sem preconceitos e, em seguida, refiná-los em códigos mais específicos.

• **Codificação axial**: Ligar códigos entre si para identificar relações e padrões.

4. **Análise temática**

• **Identificação de temas emergentes**: Agrupar códigos semelhantes para identificar temas ou padrões recorrentes nos dados.
• **Documentação**: Anotar exemplos específicos para ilustrar cada tema

identificado.

5. Interpretação dos dados

- **Contexto e significado**: Analisar os temas à luz do seu contexto cultural, social e histórico para compreender o seu significado.
- **Reflexão crítica**: Estar consciente dos seus próprios preconceitos e parcialidades que podem influenciar a interpretação.

6. Validação

- **Triangulação**: Comparar os resultados de uma fonte com outras fontes de dados (quantitativos ou qualitativos) para reforçar a credibilidade dos resultados.
- **Feedback**: Partilhar os resultados preliminares com os participantes ou peritos para obter feedback sobre as interpretações.

7. Apresentação de resultados

- **Relatórios claros**: Redigir relatórios que resumam os resultados de forma clara e estruturada, incluindo citações diretas para ilustrar os pontos principais.
- **Visualização**: Utilizar diagramas ou mapas conceptuais para representar visualmente as relações entre os temas.

8. Acompanhamento e ação

- **Plano de ação**: Desenvolver recomendações baseadas na análise para melhorar as ofertas e o envolvimento do museu.
- **Avaliação contínua**: Estabelecer um processo de avaliação contínua para aperfeiçoar a análise no futuro.

J. Lidar com dados contraditórios durante a codificação na análise qualitativa pode ser um desafio, mas é também uma oportunidade para aprofundar a compreensão dos dados. Eis algumas estratégias para lidar com esta situação:

1. **Reconhecer e documentar as contradições**

• **Identificação clara**: Anotar cuidadosamente as informações contraditórias à medida que vão surgindo. Desta forma, mantém-se o registo das diferentes perspectivas e opiniões.

• **Contexto das contradições**: Tentar compreender o contexto em que surgem as contradições. Por vezes, as diferenças de opinião podem estar ligadas a experiências pessoais ou a situações específicas.

2. **Análise das contradições**

• **Tema**: Agrupar dados contraditórios em temas semelhantes para ver como se podem encaixar. Isto pode revelar nuances e complexidades que não tinha considerado.

• **Análise de padrões**: Procurar padrões recorrentes nas contradições. Por vezes, as contradições podem emergir do mesmo tema, revelando pontos de vista opostos sobre o mesmo assunto.

3. **Utilização da triangulação**

• **Fontes múltiplas**: Comparar dados contraditórios com outras fontes de informação (como estatísticas, estudos anteriores ou outros testemunhos) para ver se certas contradições podem ser esclarecidas ou contextualizadas.

• **Várias perspectivas**: Envolver outros investigadores ou membros da a equipa para discutir as contradições e recolher uma variedade de pontos de vista.

4. **Codificação flexível**

• **Codificação axial**: Utilizar a codificação axial para ligar códigos contraditórios entre si. Isto pode ajudar a estruturar os dados para mostrar como se complementam ou se opõem uns aos outros.

• **Criar categorias com nuances**: Se surgirem frequentemente contradições, considere a possibilidade de criar categorias que reflictam esta complexidade, por exemplo, distinguindo entre contextos ou subgrupos.

5. **Interpretação crítica**

- **Refletir sobre os preconceitos**: Tenha consciência dos seus próprios preconceitos e parcialidades. Pense em como a sua perspetiva pode influenciar a forma como interpreta as contradições.
- **Explorar as dimensões emocionais**: Considerar as emoções e motivações por detrás de dados contraditórios. Isto pode fornecer informações adicionais sobre os sentimentos dos participantes.

6. **Discussão e validação**

- **Feedback dos participantes**: Se possível, partilhar as contradições com os participantes para obter as suas opiniões. Isto pode clarificar pontos de vista e enriquecer a análise.
- **Grupos de discussão**: Organizar debates com colegas ou peritos para explorar as contradições e o seu significado.

7. **Relatório transparente**

- **Inclusão de contradições**: Nos seus relatórios, mencione as contradições e discuta-as abertamente. Isto mostra que teve em conta a complexidade dos dados e reforça a credibilidade da sua análise.
- **Conclusões com nuances**: Apresentar conclusões que reconheçam as contradições e ofereçam múltiplas interpretações, se necessário.

Lidar com dados contraditórios quando se codificam dados qualitativos é um desafio comum, mas essencial para obter uma análise completa e matizada. Eis algumas estratégias para resolver este problema:

1. **Reconhecer a contradição**

• **Identificar incoerências**: Tomar nota de quaisquer dados que pareçam contraditórios ou não estejam alinhados com os códigos ou temas existentes.
• **Documentação**: Registar exemplos específicos de contradições para referência futura.

2. **Revisitar o quadro de codificação**

• **Reavaliação do código**: Rever as definições e critérios dos códigos para ver se precisam de ser ajustados para refletir melhor a complexidade dos dados.
• **Criar subcategorias**: Se as contradições aparecerem frequentemente, considere a possibilidade de criar subcategorias para captar estas nuances.

3. **Análise contextual**

• **Contexto dos dados**: Analisar o contexto em que os dados contraditórios foram recolhidos. As diferenças de situação, de momento ou de participantes podem esclarecer perspectivas divergentes.
• **Perspectivas dos participantes**: Considerar que as contradições podem refletir experiências ou opiniões diferentes e que é importante incluir estas vozes diversas.

4. **Triangulação de dados**

• **Verificação cruzada com outras fontes**: Comparar dados contraditórios com outras fontes de informação (quantitativas, qualitativas ou estudos anteriores) para melhor compreender o seu significado.
• **Verificação dos factos**: Se possível, validar informações contraditórias através de investigação adicional ou de entrevistas com os participantes.

5. **Debate em equipa**

• **Reuniões de codificação**: Organizar sessões de discussão com outros investigadores ou membros da equipa para debater contradições e desenvolver interpretações comuns.

- **Feedback e colaboração**: Incentivar um ambiente em que os membros da equipa possam expressar as suas opiniões e desafiar interpretações.

6. **Teorias e nuances**

- **Teorias emergentes**: Utilizar as contradições como uma oportunidade para gerar novas hipóteses ou teorias que possam enriquecer a sua compreensão do assunto.
- **Aceitação da complexidade**: Reconhecer que as contradições podem ser parte integrante da realidade humana e que podem enriquecer a sua análise.

7. **Relatório sobre as contradições**

- **Incluir no relatório final**: Ao apresentar os seus resultados, mencione quaisquer contradições e discuta o seu significado. Isto demonstra uma análise rigorosa e uma compreensão diferenciada dos dados.
- **Implicações práticas**: Avaliar de que forma estas contradições podem influenciar futuras recomendações ou acções.

Um Museu da Informática e da Sociedade Digital poderia tornar-se um local fundamental para explorar a evolução das tecnologias digitais e o seu impacto na nossa vida quotidiana. Eis alguns aspectos fundamentais a considerar na sua conceção e desenvolvimento:

1. **Exposições permanentes e temporárias**

- **História da informática**: Uma cronologia interactiva das principais inovações, desde os primeiros computadores até aos smartphones, com objectos icónicos.
- **Tecnologias emergentes**: Exposições sobre inteligência artificial, realidade aumentada e outras tecnologias de ponta que estão a moldar o nosso futuro.
- **Impacto social e cultural**: Secções dedicadas à exploração dos efeitos

as tecnologias digitais na comunicação, no trabalho e na cultura.

2. **Áreas interactivas**

- **Oficinas práticas**: Áreas onde os visitantes podem aprender sobre programação, robótica e criação de conteúdos digitais.
- **Simulações virtuais**: Utilização da realidade virtual para oferecer experiências imersivas, tais como reconstruções históricas da evolução da computação.

3. **Educação e sensibilização**

- **Programas escolares**: Desenvolvimento de recursos educativos para as escolas, incluindo visitas guiadas e actividades práticas.
- **Conferências e seminários**: Organização de eventos com peritos na matéria para debater as tendências actuais e os desafios futuros.

4. **Preservação digital**

- **Arquivo de objectos digitais**: Criação de uma coleção de artefactos digitais, software histórico e jogos de vídeo, preservação do património digital.
- **Documentação e acessibilidade**: Criação de uma base de dados em linha para que o público possa explorar as colecções à distância.

5. **Parcerias e colaborações**

- **Colaboração com as universidades**: Estabelecimento de parcerias com instituições académicas para a investigação e o desenvolvimento de programas educativos.

- **Parcerias com empresas**: Trabalhar com empresas tecnológicas em exposições patrocinadas e eventos conjuntos.

6. **Utilização de meios digitais**

- **Visitas virtuais**: Oferecer visitas em linha para proporcionar um acesso global ao museu, especialmente para aqueles que não podem deslocar-se.

• **Aplicações móveis**: Desenvolvimento de aplicações que melhoram a experiência do visitante no local, com funcionalidades de realidade aumentada e guias áudio.

7. **Avaliação do impacto**

• **Inquéritos e feedback**: Recolher feedback dos visitantes para melhorar as exposições e os programas.

• **Análise de dados**: Acompanhamento do tráfego e das interações em linha para medir a participação do público e ajustar as ofertas em conformidade.

Um Museu da Informática e da Sociedade Digital seria uma iniciativa interessante, com o objetivo de explorar a evolução das tecnologias digitais e o seu impacto na sociedade. Eis algumas ideias para a conceção de um museu deste tipo:

1. **Conceito e missão**

• **Objetivo**: Educar o público sobre a história da computação, as inovações tecnológicas e as suas implicações sociais, culturais e éticas.

• **Público-alvo**: Escolas, estudantes, investigadores, profissionais de TI e público em geral.

2. **Exposições permanentes**

• **História da informática**: Uma cronologia interactiva dos principais avanços, desde os primeiros computadores até aos modernos smartphones.

• **Evolução da Internet**: Exposições sobre o nascimento da Web, browsers, redes sociais e questões de cibersegurança.

• **Arte digital**: Apresentação de obras de arte criadas com recurso às novas tecnologias
incluindo instalações multimédia.

3. **Exposições temporárias**

• **Temas actuais**: Exploração de questões contemporâneas como a inteligência artificial, a realidade virtual e as tecnologias emergentes.

• **Impacto social**: Analisar a forma como as tecnologias influenciam domínios como a educação, a saúde e o trabalho.

4. **Instalações interactivas**

• **Simulações tecnológicas**: os visitantes têm a oportunidade de testar software, programar robôs ou experimentar ambientes de realidade virtual.

• **Workshops práticos**: Oferecer sessões de programação, hackathons ou workshops de criação digital.

5. **Educação e sensibilização**

• **Programas escolares**: Desenvolvimento de recursos educativos para professores e alunos, incluindo visitas guiadas e actividades educativas.

• **Conferências e mesas redondas**: Convidar peritos para debater as questões éticas e sociais que envolvem as tecnologias digitais.

6. **Parcerias e colaborações**

• **Universidades e escolas**: Trabalhar com instituições de ensino para promover a aprendizagem e a investigação.

• **Empresas de tecnologia**: Estabelecer parcerias para eventos, exposições ou programas de tutoria.

7. **Acessibilidade**

• **Visitas virtuais**: Oferecer experiências em linha para atingir um público global e tornar o museu acessível a todos.

• **Acessibilidade física e digital**: Garantir que as instalações sejam acessíveis a pessoas com deficiência.

8. **Avaliação e melhoria**

- **Recolha de opiniões**: Recolher as impressões dos visitantes para melhorar as exposições e os programas.
- **Análise de impacto**: Avaliar de que forma o museu influencia a compreensão e o envolvimento dos visitantes com as tecnologias digitais.

XI. CONCLUSÃO

As ideias desenvolvidas neste artigo são ainda apenas propostas e não foram validadas pela experiência. Serão postas em prática nos próximos meses, aquando da construção de uma primeira versão de um museu virtual da informática. Estamos conscientes das dificuldades deste projeto, que nos parecem ser de dois tipos.

- Dificuldades conceptuais. A escolha da abordagem indutiva (partir de aplicações e objectos conhecidos para introduzir conceitos científicos) é uma aposta. A definição das diferentes etapas e a sua articulação deverão, sem dúvida, ser aperfeiçoadas após a avaliação. Finalmente, como em qualquer abordagem de popularização, será necessário manter um equilíbrio entre o rigor científico e a simplificação didática.
- Dificuldades práticas. A apresentação dos exemplos terá de ser suficientemente atractiva para não desencorajar novas visitas. Isto implica um planeamento rigoroso da disposição dos exemplos e da progressão das explicações, nomeadamente através de uma utilização bem pensada de ajudas visuais e auditivas. Será necessária a ajuda de especialistas nestas técnicas.

Acreditamos que a nossa abordagem é original, porque os museus virtuais de computação existentes baseiam-se essencialmente em colecções de objectos, com apresentações centradas principalmente em aspectos técnicos. Por outro lado, existem apresentações dos conceitos científicos da computação, mas não são geralmente dirigidas ao público em geral. Depois de produzirmos uma primeira versão da nossa apresentação, tencionamos experimentá-la junto de vários públicos: alunos do ensino secundário, estudantes, público em geral, profissionais de informática, em colaboração com especialistas em divulgação cultural e científica. Isto permitir-nos-á avaliar a pertinência da nossa abordagem e recolher informações que nos permitirão melhorá-la.

REFERÊNCIAS

Aconit (2012). Rumo a um museu virtual da informática, Colóquio "Rumo a um museu da informática e da sociedade digital em França?", Paris, novembro de 2012.

Dowek G. (2011). Os quatro conceitos da computação, Didapro 4, outubro de 2011.
Ver https://who.rocq.inria.fr/Gilles.Dowek/philo.html

Dowek G. (2012). A informática na classificação das ciências. Seminário "Philosophie de l'informatique, de la logique et de leurs interfaces", École normale supérieure, 30 de janeiro de 2012. Ver https://who.rocq.inria.fr/Gilles.Dowek/philo.html

Wing J. (2008). O pensamento informático, Bulletin Specif n° 60, dezembro de 2008.
Ver http://www.specif.org/bulletins/specif060.pdf

O AUTOR

Ryaz Jeancy NGOVULA MBISI *é assistente no Instituto Superior de Técnicas Médicas de Kikwit (ISTM KKT). Realiza investigação no domínio dos sistemas operativos, engenharia de software e sistemas distribuídos e aplicações, nas áreas da estatística. Atualmente, interessa-se pela história da computação e pela sua popularização na estatística.*

ÍNDICE DE CONTEÚDOS

MIX
Papier aus verantwortungsvollen Quellen
Paper from responsible sources
FSC® C105338

Printed by Books on Demand GmbH, Norderstedt / Germany